PHRASES EVERY ARABIC BEGINNER MUST-KNOW

ARABIC SCRIPT
ARABIC CONSONANTS

ا ب ت ث ج ح خ

د ذ ر ز س ش ص

ض ط ظ ع غ ف ق

ك ل م ن هـ و ي

ARABIC NUMERALS AND NUMBERS

| ٠ | ١ | ٢ | ٣ | ٤ | ٥ | ٦ | ٧ | ٨ | ٩ | ١٠ |

| صفر | واحد | إثنان | ثلاثة | أربعة | خمسة | ستة | سبعة | ثمانية | تسعة | عشرة |

| ṣifr | wāḥid | itnān | talātah | 'arba'ah | ḥamsah | sittah | sab'ah | tamāniyyah | tis'ah | 'ašarah |
| 0 | 1 | 2 | 3 | 4 | 5 | 6 | 7 | 8 | 9 | 10 |

PHRASES IN ALPHABETICAL ORDER

check please

الحساب من فضلك

al-ḥisābu min faḍlika

Can you call the fire department?

هل يمكنك الإتصال بمركز الإطفاء؟

Hal yumkinoka alitisalo bimarkazi litfa'e?

Congratulations

هنيئا / مبروك

Hani'an / Mabruk

Can you translate this for me?

هل يمكنك ترجمة هذا لي؟

Hal yumkinoka tarjamato haza li?

Could you please talk slower?

هل يمكنك التحدث ببطئ؟

Hal yomkinoka tahadusu bybota'e?

Could you repeat that, please?

هل يمكنك إعادة هذا من فضلك؟

Hal yomkinoka i'adato haza min fadlik?

Do you want some coffee?

هل تريد قهوة؟

hal turīdu quhwa?

Do you have a phone?

هل لديك هاتف؟

Hal ladayka hatif?

Do you speak English?

هل تتكلم الإنجليزية؟

Hal tatakalamu alinjlizya?

Excuse me

عذراً

uthran

Excuse me, I have to go

عذراً، علي الذهاب

uthran, aliyya athahābu

GOOD NIGHT

تصبح على خير

tuṣbaḥu alā khayri

Goodbye

مع السلامة

ma'a alssalāmati

Good evening

مساء الخير

Masa'o Ikhayr

Good morning

صباح الخير

Sabaho Ikhayr

HELLO

السلام عليكم

as-salāmu alaykum

Help

النجدة

an-najdah

How are you?

كيف حالك؟

Kayfa haluk?

How much for this?

بكم هذا؟

bikam hathā

Happy wedding

حفل زفاف سعيد

Hafl zifaf sa'id

Happy Birthday

عيد ميلاد سعيد

Eid melad sa'id

How can I help?

كيف يمكنني المساعدة؟

Kayfa yomkinoni almosa'ada?

How are you?

كيف حالك؟

kayfa ḥāluk?

I'm fine but how about you?

أنا بخير , ماذا عنك؟

anā bikhayrin , māthā anka?

I'm sorry for the delay.

أنا آسف على التأخر

anā āsifun

alā

atta'akhuri

I am going home. Goodbye

أنا ذاهب الى البيت، مع السلامة

anā thāhibun ilā albayti, maʿa alssalāmati

In December it is cold

في ديسمبر يكون الجو باردا

fī daysam'bar yakūnu aljawwu bāridan

I always do my homework on time.

أقوم دائمًا بواجبي المدرسي في الوقت المحدد

aqawmu dāʾiman biwājibay almud'rassiyyi fī alwaqti almuḥaddadi

I love the night

أنا أحب الليل

anā uḥibbu alllayla

I'm in danger

أنا في خطر

Ana fi khatar

I'm scared

أنا خائف

Ana kha'if

I have a fever

أعاني من الحمى

O'ani min alhumaa

I need help

أحتاج إلى المساعدة

Ahtaju ila almusa'ada

I need help

أحتاج إلى المساعدة

Ahtaju ila almusa'ada

I don't speak Arabic

لا أتحدث العربية

La atahadathu alarabya

I'm from ...

أنا من....

Ana min...

I don't understand

لا أفهم

La afham

I appreciate this

أقدر هذا

Oqadiro haza

I can't

لا أستطيع

La astati'e

I'm not interested

أنا لست مهتما

Ana lastu muhtaman

I'm sorry

أنا آسف

Ana asif

Let's go to the park.

فلنذهب إلى الحديقة

fal'nathhab ilā alḥadīqati

Let's have some food.
I'm hungry.

فلنأكل بعض الطعام.
أنا جائع

Falnakul ba'ada ta'am. Ana ja'ea

My bag was stolen

لقد سرقت حقيبتي

laqad suriqat ḥaqībatī

No

&

lā

May be
might be
could be

قد يكون

qad yakūnu

Nice to meet you

سعيد بلقائك

saʿīdun bilaqāʾiki

Never mind

لا تتهم

La tahtam

No problem

لا مشكلة

La mushkila

Oh my God!

يا إلهي

Ya ilahi

okay

حَسَنًا

ḥasanan

Please

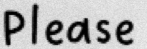

min faḍlika

See you soon

أراك لاحقا

Araka lahikan

Stop

توقف

Tawaqaf

See you later

1/ أراك لاحقا.
2/ أراكم لاحقا.

1/arāka lāḥiqan
2/arākum lāḥiqan

Sounds good

يبدو جيدا

Yabdo jayidan

Thank you

شكراً

shukran

Thank you for the gift.

شكراً على الهدية

shukran alā alhadiyyati

To like

Love

يحب

yuḥibbu

To do
Done
to work
Working

يعمل

ya'malu

You are welcome

1\ مرحبا بكم
2\ عفوا

1/Marhaban bicum
2/Afouan

Yes

نعم

na'am

What time is it?

كم الساعة الآن

kamm alssāʿato al'āna

where's the bathroom?

أين المرحاض؟

ayna almirḥāḍu?

Wait a moment.

انتظر لحظة

āntaẓar laḥẓatan

Where is the hospital?

أين هو المستشفى؟

Ayna hwa almustashfa?

Where is the airport?

أين هو المطار؟

Ayna hwa almatar?

What are the best places to visit in ...?

ما هي أحسن الأماكن للزيارة في ...؟

Ma hya ahsanu alamakini lizyarati fi ...?

What time should we check out?

متى يجب أن نغادر الفندق؟

Mata yajibo an noghadira alfondoq?

Where are you from?

من أين أنت؟

Min ayna ant?

What does it means?

ماذا يعني هذا؟

Maza ya'ani haza?

What's your phone number?

ما هو رقم هاتفك؟

Ma howa raqmu hatifika?

Where is the nearest main road?

أين هي أقرب طريق رئيسية؟

Ayna hya aqrabo tariqin ra'isya?

What do you think?

ما رأيك؟

Ma ra'eyok?

What do you do?

ماذا تفعل؟

Maza taf'alu?

What's your name?

ما إسمك؟

Ma ismuk?

Where are you?

أين أنت؟

Ayna ant?

How long have you been here?

منذ متى وأنت هنا؟

Munzu mata wa anta huna?

Where are you heading?

إلى أين أنت ذاهب؟

Ila ayna anta zahib?